Reise durch

ANDALUSIEN

Bilder von

Jürgen Richter

Texte von

Wolfgang Seitz

Stürtz Verlag Würzburg

INHALT

Seite 5:
Siesta unter Palmen. Eine Situation, wie man sie in Andalusien an jeder Ecke finden kann, nicht nur hier in Tahavilla in der Provinz Cádiz.

Vorherige Doppelseite:
Postkartenidylle: die Alhambra von Granada.

Unten:
Andalusien feiert. Wer etwas auf sich hält, zeigt sich auf der Feria de Abril in Sevilla auf dem Rücken der Pferde.

Nächste Doppelseite:
Die Burg von Montefrío war die letzte Bastion, die die katholischen Könige eroberten, bevor sie den Sturm auf Granada vorbereiteten.

12
IM LAND DER CARMEN, DES FLAMENCO UND DER TORREROS

26
ANDALUSIENS OSTEN – ALMERÍA, GRANADA UND JAEN

Seite 40
Die Alhambra: Ziel der Sehnsüchte

Seite 56
Die Mauren in Spanien: Zeit der Blüte, Pracht und Herrlichkeit

66
VON ZWEI MEEREN UMSPÜLT – CÁDIZ UND MÁLAGA

Seite 76
Flamenco: Hohe Kunst, aus der Not geboren

96
ENTLANG DEM GUADALQUIVIR – CÓRDOBA, SEVILLA UND HUELVA

Seite 110
Semana Santa: ¡Viva la Virgen!

Seite 122: Register
Seite 123: Karte
Seite 124: Impressum

IM LAND DER CARMEN

Die Fischer von La Isleta de Moro am Cabo de Gata (Provinz Almería) bereiten sich auf den nächsten Fang vor.

Andalusien – allein der Name klingt verführerisch, verheißungsvoll. Spaniens Süden ist ein Mythos. Ein Symbol für eine Reihe von Klischees. Denn Andalusien ist das Mutterland jener spanischen Bräuche, die auch im Ausland wohl bekannt sind. Hier erlebt man die Magie des Flamenco und den Stierkampf in den authentischsten Formen. Hier wurden die Mythen von Don Juan und von Carmen geboren. Hier scheint die Sonne, schenkt man einem Schlagertext Glauben, bei Tag und Nacht.

In der Tat: 3000 Sonnenstunden sind es jährlich, die in der Ebene des Guadalquivir, am Atlantik und an den Küsten von Granada und Almería gezählt werden, neben kilometerlangen ausgezeichneten Stränden. Das waren sicher auch Gründe, warum sich schon Jahrtausende vor Christus phönizische Seefahrer hier niederließen.

Das Klima in Andalusien ist im Allgemeinen mediterran, zeichnet sich also durch trocken-heiße Sommer und milde Winter mit unregelmäßigen Niederschlägen aus. Dennoch umfasst dieses Land so gegensätzliche Klimazonen wie Wüste, schneebedecktes Hochgebirge und subtropische Küste. Die unermüdliche Sonne schafft eine angenehme Atmosphäre, die auch die Mentalität der Menschen prägt. Die Gastfreundschaft und ein hoch entwickelter Sinn für Lebensqualität gedeihen hier prächtig unter dem meist diamantklaren Himmel. Die besten Voraussetzungen also für den Tourismus. Das Land besticht durch seine Gegensätze – islamisches und christliches Erbe, maurische Paläste und Kathedralen, Hotelburgen an

ES FLAMENCO UND DER TORREROS

der Costa del Sol und stilvolles Wohnen in den Paradores im Hinterland. Kurz: eine faszinierende Kulturregion, in der Orient und Okzident einander begegnen.

Andalusien ist die südlichste und mit 87 268 Quadratkilometern die größte Autonome Region Spaniens und damit vergleichsweise etwa so groß wie Österreich. Das landschaftliche Relief setzt sich aus drei Grundelementen zusammen: die Sierra Morena im Norden, die weitläufige Flussebene des 670 Kilometer langen Guadalquivir im Zentrum und die Betischen Kordilleren im Süden. Politisch gliedert sich Andalusien in die acht Provinzen Almería, Cádiz, Córdoba, Granada, Huelva, Jaen, Málaga und Sevilla. Mit mehr als sieben Millionen Einwohnern stellen die Andalusier 18 Prozent der spanischen Gesamtbevölkerung – und die wohnt verteilt auf 767 Städte und Gemeinden. Natürlich liegen die Ballungszentren dabei an der Spitze, wie etwa die Hauptstadt Sevilla mit fast einer Million Menschen oder Málaga mit etwa 600 000.

Es gibt aber auch viele Landstriche, in denen die Bevölkerungsdichte bei unter 30 Menschen pro Quadratkilometer liegt. Die Umstrukturierung der Lebensgewohnheiten führte in den vergangenen 20, 30 Jahren zu einer zunehmenden Verstädterung und zu einer Migration an die Küsten, denn dort ist Arbeit zu finden. In den 80er Jahren kam eine Reihe von Auswanderern zurück nach Andalusien. Dazu gesellten sich europäische Rentner, die ihren Lebensabend an den sonnigen Gestaden Südspaniens verleben möchten, und afrikanische Zuwanderer, die hier ihr Glück versuchen. Insofern konnten die Statistiker ein Bevölkerungswachstum verzeichnen.

Seit 1900 hat sich die Einwohnerzahl um 3,5 Millionen nahezu verdoppelt. 65 Prozent der Andalusier lassen sich als »städtisch« bezeichnen, denn sie leben in Ortschaften mit mehr als 10 000 Einwohnern. Etwa ein Drittel der Andalusier wohnt heute an der Küste, in Málaga sind sogar drei von vier Einwohnern entlang der Küste daheim. Viele sind natürlich auch in den Ballungsgebieten Sevilla, Huelva und Cádiz und im Tal des Guadalquivir zu Hause.

Die Expo 1992 brachte neue Impulse für die wirtschaftliche Entwicklung, nicht nur im Tourismus. Es wurde kräftig investiert, die Infrastruktur wurde ausgebaut, die

Anbindung an Spaniens Hauptstadt Madrid optimiert. Gerade in den 80er Jahren wurde das Verkehrssystem innerhalb kürzester Zeit auf den modernsten europäischen Stand gebracht. Ein dichtes Netz an Autobahnen und Schnellstraßen verbindet alle wichtigen Städte und Zentren, die Flughäfen von Sevilla und Málaga wurden ausgebaut. Immerhin zählt der Airport von Málaga mit seiner Kapazität von zwölf Millionen Passagieren im Jahr zu den 20 verkehrsintensivsten Flughäfen Europas. Auch das Bahnnetz wurde modernisiert, unrentable Linien stillgelegt und seit der Weltausstellung verbindet der Hochgeschwindigkeitszug AVE Madrid und Sevilla in weniger als drei Stunden Fahrt.

AGRARLAND UND FERIENPARADIES

Doch der Wirtschaftsstandort Andalusien hat sich entgegen den Prognosen nicht zu einer neuen Quelle für Südspanien entwickelt. Die Arbeitslosenzahlen sind nach wie vor ein Unsicherheitsfaktor der andalusischen Wirtschaft, denn es gibt viele Arbeitsplätze, die saisonabhängig sind. Ursprünglich war Andalusien ein Agrarland, doch die zunehmende Automatisierung und Rationalisierung haben auch hier den Personalbestand reduziert. Seit der christlichen Reconquista im 13. Jahrhundert beherrschen, vor allem im Westen Andalusiens, einige wenige Großgrundbesitzer Ackerbau und Viehwirtschaft. Seit Jahrhunderten finden hier Tagelöhner zu Saisonzeiten Arbeit, die danach oft bis zu drei Vierteln des Jahres wieder ohne Beschäftigung sind. Mit dem Arbeitslosengeld lassen sich die Familien nur knapp ernähren. Initiativen der Regierung, dieses jahrhundertealte Feudalsystem abzuschaffen, verliefen meist im Sand.

Die zwölf Millionen Touristen, die jährlich nach Andalusien kommen, darunter gut 1,5 Millionen Deutsche, kristallisieren sich trotz aller sonstigen Bemühungen, die Wirtschaft in Schwung zu bringen, immer deutlicher als Geldbringer Nummer 1 heraus. Denn gerade auf dem Dienstleistungssektor gibt es saisonbedingt recht viele Arbeitsplätze. Die Tourismusbranche Andalusiens hat eine grundlegende Rolle bei der regionalen Entwicklung, bei Investitionen und Beschäftigung eingenommen und beeinflusst, direkt oder indirekt, praktisch alle Bereiche der andalusischen Wirtschaft.

Schmuckstück im Herzen Sevillas: der Palacio Español an der Plaza de España.

Der hohe Anteil ausländischer Touristen bringt einen ständigen Devisenfluss und ist damit gleichsam der Motor der wirtschaftlichen Entwicklung des Landes. 40 Prozent der Besucher kommen aus dem Ausland, davon sind 90 Prozent Europäer, vor allem Briten, Deutsche, Franzosen und Italiener. Traditionell zieht es die Fremden an die Küsten, besonders an die Costa del Sol. Allein dieser Küstenstreifen hat innerhalb der vergangenen zehn Jahre etwa 50 Prozent der Hotelplätze und Übernachtungen für sich verbuchen können. Ganz klar, dass sich die Behörden und Ministerien der Andalusischen Landesregierung bemühen, eine optimale Infrastruktur für den Tourismus zu schaffen.

Absolute Priorität besitzen dabei die Erhaltung der Umwelt und ein umsichtiges, koordiniertes Vorgehen. Und das ist manchmal gar nicht so einfach. Die viele Sonne bedeutet auch wenig Regen. Und wenn man bedenkt, dass der Region an die 80 Golfplätze zugemutet werden, von denen eine ganze Reihe noch in Bau sind, dann fragt man sich, wo das ganze Wasser für die Rasenbegrünung denn herkommen soll. Dennoch sind die Verantwortlichen stolz auf das »größte golfistische Bauprojekt Europas«.

Andalusien ist reich an reizvollen und intakten Landschaften mit ökologisch wertvoller Flora und Fauna. Die 28 ausgewiesenen Naturreservate, 31 Naturlandschaftsgebiete und 22 Naturparks nehmen nahezu 17 Prozent der Fläche Andalusiens ein. Strenge Schutzvorschriften gelten in den Reservaten, denn die meisten Gebiete sind biologisch labile Lagunen oder Feuchtgebiete. Die Naturparks dagegen sind größer und enthalten mehrere Ökosysteme. Paradestück ist der Naturpark Doñana, der sich auf einer Fläche von 100 000 Hektar im Dreieck Huelva, Sevilla, Cádiz im Mündungsgebiet des Guadalquivir erstreckt. Sommer wie Winter tummeln sich hier Zugvögel: Die aus Nord- und Mitteleuropa stammenden Vögel überwintern hier, im Sommer kommen Entenarten und ganze Flamingokolonien aus Afrika in die Sommerfrische herübergeflogen.

Tarifa ist der südlichste Punkt Spaniens an der Meerenge von Gibraltar. Hier gehen die Fischer erfolgreich auf Fangfahrt.

ZWEI WOCHEN FÜR ANDALUSIEN

Um Andalusien kennen zu lernen, sollte man sich etwa zwei Wochen Zeit gönnen und, wenn man Málaga als Ziel- und Endpunkt wählt, den faszinierenden Süden entgegen dem Uhrzeigersinn erkunden. Da jagt ein Highlight das andere. Gleich südlich von Málaga liegt die Mündung des Guadalhorce, der Rastplatz der Zugvögel ist, die alljährlich die Meerenge von Gibraltar überqueren. An der Grenze der Provinzen Málaga und Granada liegt die Steilküste von Maro und Cerro Gordo, in deren Buchten der Tordalk, die Lach-, Silber- und Mantelmöwen nisten. Auf dem Weg zur Tropfsteinhöhle von Nerja bestimmen felsige Steilpartien, kleine, stille Buchten und offene Sandstreifen das Landschaftsbild. Zwei Kilometer landeinwärts ist der Eingang zu dieser unterirdischen Höhlenwelt, die im Sommer einen skurrilen Rahmen für Musik- und Tanzveranstaltungen abgibt, die hier zwischen den bizarren Stalaktiten und Stalagmiten stattfinden.

Kurz vor Motril geht es dann in Richtung Norden, hinein in die Sierra Nevada, der einzigen Hochgebirgslandschaft Andalusiens und gleichzeitig der höchsten Gebirgskette der Iberischen Halbinsel. Lanjarón liegt auf dem Weg. Hier sprudeln Heilquellen, deren Wasser auch als Mineralwasser im ganzen Land verkauft wird. Über den Puerto de la Ragua gelangt man auf den Nordhang, der mit seiner mondähnlichen Landschaft ein völlig anderes Bild bietet. Bei Guadix etwa findet sich der größte Komplex an Höhlenwohnungen, die für diese Gegend typisch sind. Berberstämme und ihre Nachfolger legten in kleinen Hügeln und im Fels diese Wohnstätten an. Die ausgetrockneten Flussläufe dienten als Straßennetz. Solche Behausungen findet man mitten in den Dörfern, aber auch in der freien Landschaft. Die Wohnungen sind im Sommer kühl, im Winter halten sie ein wenig die Wärme. Schmale Gänge führen bis tief in den Fels zu gemütlich eingerichteten Zimmern. Heute sind viele dieser »casas-cuevas« touristische At-

traktionen, in denen Handwerker Körbe flechten, wie in Espartogras, oder Keramik fertigen wie in Purullena. In Baza hat man sich auf die Herstellung von Musikinstrumenten spezialisiert.

GRANADA: EINE PERLE SPANIENS

Weiter geht es nach Granada. Das maurische Juwel liegt am Fuß der schneebedeckten Sierra Nevada und wartet mit einem der großartigsten Monumente der Welt auf, mit dem maurischen Palast Alhambra. Granada ist zweifellos eine der Perlen Spaniens und zählt zu den von Touristen meistbesuchten Orten der Welt. Ein Spaziergang durch wunderschöne Gärten und blumengeschmückte enge Straßen, ein Besuch in einer der zahlreichen typischen Tavernen, in denen man den »Treveléz«-Schinken mit Wein aus der Umgebung serviert, und die Atmosphäre jahrhundertealter Geschichte, die den Besucher überall umgibt, sind die Highlights. Zigeuner singen »Flamenco« in den Straßen und auf den Plätzen, und ein Besuch ihrer »Cuevas«, der Höhlen im Berg von Sacromonte, wo viele von ihnen tatsächlich noch heute leben, sollte Fixpunkt eines Besuchs in Granada sein. Auch die zahlreichen regionalen Festlichkeiten, die sowohl christlichen wie auch maurischen Traditionen folgen, sind sehenswert.

Von Granada aus bieten sich Exkursionen in das 14 Kilometer entfernte Fuentevaqueros an, wo García Lorca vor 100 Jahren geboren wurde, in das Örtchen Valderrubio, wo sein Vater 1907 ein geräumiges Bauernhaus kaufte, und in die Huerta de San Vicente, das heute im Stadtgebiet von Granada liegt. Diesen Landsitz erwarb die Familie 1925. Die Nachkommen wohnten da bis in die 80er Jahre. Heute ist das Landhaus von einem Park umgeben und zeigt im Lorca-Museum viele persönliche Erinnerungsstücke an den Dichter. In der Schlucht von Viznar, wo Lorca am 19. August 1936 von Faschisten ermordet wurde, wurde ein Park zu seinem Gedenken angelegt. Er war Dichter, Dramatiker, Musiker, Drehbuchautor, Zeichner, Flamenco-Forscher, Theaterdirektor und kultureller Agitator – ein Volksheld eben, posthum. 1998, im »Lorca–Jahr«, stand natürlich das ganze Land im Zeichen des gemeuchelten Literaten, der im spanischen Widerstand kämpfte.

Eigentümlich, fast erschreckend: Die Mitglieder der »confradías« (Bruderschaften) ziehen während der Semana Santa (Karwoche) durch die Straßen von Sevilla.

Neben den Sehenswürdigkeiten, die Granada bietet, sollte man sich den 50 Kilometer langen Weg hinauf in die Welt der Sierra Nevada nicht entgehen lassen. Auf den Mulhacén führt die höchste asphaltierte Straße Europas bis auf 3392 Meter hinauf, knapp 100 Meter unterhalb des Gipfels des höchsten spanischen Berges. Unterwegs liegt der Wintersportort Sol y Nieve, der meist Skivergnügen bis in den Mai hinein garantiert.

Zurück in Granada, der früheren Hauptstadt des Nasridenreiches, sollten dann noch die Kathedrale aus dem 16. Jahrhundert und die Gräber der Katholischen Könige Isabella und Fernando in der Capilla Real auf dem Besichtigungsplan stehen.

Durch ausgedehnte Olivenhaine geht es weiter nach Jaen. Die gleichnamige Provinz gilt als Hauptproduzent des Olivenöls. Im Parador Nacional Castillo de Santa Catalina lässt es sich gut nächtigen. Der Ausblick hinunter auf die Stadt ist lohnend, der Service gediegen und die Zimmer sind, wie bei allen Paradores, äußerst stilvoll eingerichtet. Von hier aus leicht zu erreichen sind die Städte Úbeda und Baeza, wahre Kleinode der Renaissance. Zwillingsstädte werden sie genannt, denn sie liegen nur zehn Kilometer auseinander. Kein Liebhaber andalusischer Renaissance-Architektur kommt an diesen Städten vorbei. Die außerordentliche Blüte dieses Baustils, wobei die Profanbauten die Kirchen übertreffen, ist auf ein Mäzenatentum des Adels zurückzuführen. Nahezu alles wurde prächtig gebaut: Paläste, Rathäuser, Universitäten, Brunnen, Hospitale. Selbst den Gefängnissen und Schlachthöfen verpassten die Architekten und Baumeister ein anziehendes Äußeres.

Das Judenviertel und die Moschee aus der Omayyadenzeit locken nach Córdoba.

Blumengeschmückte Innenhöfe, Brunnen und das bunte Leben und Treiben faszinieren seit eh und je den Mitteleuropäer, der sonst mehr das Leben hinter verschlossenen Türen kennt. Hier lässt es sich gut und gern einige Stunden durch die schmalen Gässchen der Kalifenresidenz schlendern und ins Staunen geraten. Vor rund 1000 Jahren war Córdoba von den kunstliebenden Kalifen zur größten und mächtigsten Metropole Europas ausgebaut worden. Man erzählt von 900 Bädern, 300 Moscheen und 100 Krankenhäusern. Die prächtigste Moschee, die Große Moschee der Stadt, ist schlicht, ein zeitloses Monument der Weltarchitektur und seit 1984 im Rang eines von der UNESCO anerkannten Kulturerbes der Menschheit. Der Wald der tausend Säulen, die die unterschiedlichst geformten Bögen tragen, wird jäh von einer christlichen Kathedrale unterbrochen, die einfach mitten hineingestellt wurde.

AM LAUF DES GUADALQUIVIR

Die 16-bogige Puente Romano, die Römerbrücke, überspannt seit 2000 Jahren den Guadalquivir. Ein weithin sichtbares Relikt aus der Römerzeit. Andere Funde dagegen wurden erst in der jüngeren Vergangenheit gemacht. Bei der Landvilla von Monturque ist man auf Reste römischer Zisternen gestoßen, denen die Andalusische Regionalregierung »Interés Cultural« bescheinigt. Der kulturellen Bedeutung entsprechend will man im Ortsgebiet von Almedenilla auf der Grundlage der Römervilla El Ruedo, dem iberischen »Cerro de la Cruz«, dem Kreuzeshügel und dem bereits existierenden Museum ein großes archäologisches Zentrum entstehen lassen. Sicher ein weiterer Höhepunkt einer Andalusienreise.

Carmona dann ist ein andalusisches Städtchen, wie es im Buche steht. Die Alten sitzen wartend auf den Bänken im Park, gehen in die Eckkneipe und trinken dort ihren Café sólo, süß und stark. Ansonsten absolute Ruhe und Verschlafenheit. Darüber thront ein Parador, der wiederum keine Wünsche offen lässt. Man wohnt in geschichtsträchtiger Umgebung. Die maurische Stadtmauer ist stellenweise noch römischen Ursprungs. Vor der Stadt liegt eine römische Nekropole, die zu den wichtigsten römischen Ausgrabungsstätten ganz Spaniens zählt.

Ronda ist durch die Schlucht des Río Guadalevín in zwei Teile geteilt. Die Puente Nuevo verbindet das attraktive andalusische Städtchen.

In einem herrlichen Palast aus dem 18. Jahrhundert ist das neue Stadtmuseum untergebracht, wo die archäologischen Wurzeln Carmonas aufgezeigt werden sowie die Entwicklung von der Steinzeit bis in unsere Tage erläutert wird. Kostbarstes Ausstellungsstück ist ein Gefäß aus dem 8. vorchristlichen Jahrhundert.

SEVILLA FEIERT: »SEMANA SANTA« UND »FERIA DE ABRIL«

Dem Lauf des Guadalquivir folgend stößt der Reisende mitten in die Hauptstadt Andalusiens vor. Sevilla, Schauplatz der Weltausstellung 1992, wartet alljährlich mit zwei großartigen Schauspielen auf. Die Semana Santa, die Karwoche, der Karfreitag und der Ostersonntag werden als Höhepunkte des liturgischen Jahres gefeiert, mit Prozessionen, in denen Musik, Religion, Kunst und auch archaische Bräuche wie die Selbstfolterung zu einer Art religiösem Gesamtkunstwerk verschmelzen. In Sevilla bestreiten 57 Confradías, Bruderschaften, die prachtvollen Osterprozessionen. Es sind Gemeinschaften, die sich als Brüder betrachten und behandeln, die eigene Gesetze und Statuten haben. Seit dem 16. Jahrhundert sind diese Bußbruderschaften belegt.

Das zweite spektakuläre Ereignis ist die Feria de Abril, wenn ganz Sevilla sechs Tage lang Kopf steht. Der Startschuss zu dieser Feria fällt traditionell am Dienstag in der zweiten Woche nach Ostern. Die Geschäfte und Banken haben nur am Vormittag geöffnet, die Taxifahrer kassieren 25 Prozent Feria-Zuschlag, die Sevillaner ziehen kastagnettenklappernd, singend und tanzend durch die Straßen. Die Mädchen und Frauen tragen buntgerüschte Kleider, die Männer häufig die Tracht der Vaquereos, der Rinderhirten, oder, wenn sie auf Pferden durch die

Straßen ziehen, eng geschnittene Jacken, gestreifte Hosen, Halbstiefel mit großen Sporen und einen breitkrempigen Hut. Die Kuppe mancher Pferde ziert eine glutäugige Schöne – Postkartenmotive, aber wahr. Es geht hoch her und bunt zu, besonders, wenn der Fremde das Glück hat, hinter die Kulissen blicken zu dürfen.

In den Casetas, den annähernd tausend blau-weiß oder rot-weiß gestreiften Festzelten in der Zeltstadt, gemietet von Sevillaner Vereinen und gut betuchten Familien, kreisen die Fino-Flaschen. Der trockene Sherry rinnt durch die Kehlen, wie auf dem Münchner Oktoberfest das Bier. Es wird getanzt, bis das Haar nass auf der Stirn klebt, bis Kleid und Hemd den Schweiß kaum mehr aufsaugen. Und mittendrin ein paar Fremde, die staunen, nur fassungslos staunen, über diese Lebensfreude, diese Vitalität.

Sevilla hat durch die Expo '92 gewonnen. Die Verkehrsanbindung an Madrid und die Infrastruktur in der Stadt haben sich um Klassen verbessert. Dennoch ist das typische Flair der Stadt erhalten geblieben. Die Zigeunerfrauen lesen immer noch in der Altstadt zu Füßen der Kathedrale aus der Hand, verkaufen ihre Nelken und lassen so mir nichts dir nichts manche Geldbörse verschwinden. Die Kathedrale ist nur eine der vielen Sehenswürdigkeiten in der andalusischen Hauptstadt.

Kräftig gefeiert wird auch in Jerez de la Frontera, der Sherry-Hochburg. Dieser andalusische Wein ist der klassische Aperitif. Meist wird er mit Tapas serviert. Nicht einfach essen. Genießen, naschen und goutieren sollte man die Tapas, die man auf kleinen Tellerchen an der Theke vieler Bars gereicht bekommt. Sie können das Wichtigste am Aperitif sein – auf jeden Fall sind sie die Visitenkarte jeder Bar. Der Ursprung dieser Sitte ist nicht geklärt. Womöglich stammt sie von den Arabern, wie so vieles, was den Reiz Andalusiens ausmacht.

180 000 Einwohner zählt die Sherry-Metropole Jerez im fruchtbaren Tal des Guadalquivir. Neben den Bodegas, wo man sich in die hohe Kunst der Sherryproduktion einweisen lassen kann, wartet die Escuela Andaluza del Arte Ecuestre auf Besucher, die sich für die Hohe Schule spanischer Reitkunst interessieren. Die Vorstellung hat einen Namen, der übersetzt heißt: »So tanzen die andalusischen Pferde«. Ein Augenschmaus.

Fischen ist ein hartes Brot. Die Fischer von Zahara de los Atunes an der Costa de la Luz (Provinz Cádiz) wissen darum, aber dennoch fahren sie seit Generationen täglich aufs Meer hinaus.

Und wer die prächtigen, stolzen Andalusierpferde außerhalb der Reitschule erleben möchte, der muss seine Urlaubsreise in den Mai legen und zur Feria del Caballo kommen.

HEMINGWAY UND RILKE IN ANDALUSIEN

Um die Südspitze Spaniens herum führt die Route weiter nach Cádiz und Tarifa, bietet einen Abstecher in das britische Gibraltar und biegt dann nordwärts hinein in die Bergwelt nach Ronda. Rilke war hier zu Gast und auch Hemingway. Der war begeistert von der Stierkampfkunst und lobte die alte Arena mitten in der Stadt. Die älteste Spaniens aus dem Jahre 1784. Hier kämpfte Pedro Romero, der Urahn aller Toreros. Wer sich einen der umstrittenen, aber gerade in Andalusien dennoch äußerst beliebten Stierkämpfe ansehen möchte, sollte das hier tun – allein schon wegen der Atmosphäre. Das wirklich Faszinierende an Ronda ist jedoch seine Lage. Eine klaffende, 200 Meter tiefe Schlucht trennt die maurische Altstadt von der Neustadt. Rilke, der hier einen Winter verbrachte, sprach von der »unvergleichlichen Erscheinung der auf zwei steilen Felsmassen hingehäuften Stadt«. Sein Zimmer im Hotel Reina Victoria und ein Standbild im Garten rühmen heute noch den literarischen Gast. Der neue Parador, direkt neben der alten Brücke am steilen Felsabfall gelegen, ist Luxus pur und verwöhnt selbst den anspruchsvollsten Gast.

Von Ronda geht es direkt zur Sierra de Grazalema, dem Gebirge mit der höchsten Niederschlagsmenge Spaniens. Hier wächst die Spanische Tanne, ein Relikt aus der Eiszeit, und in den schmalen Tälern gedeihen Lorbeer, Traubeneiche und Rhododendron. In den offeneren Taleinschnitten wachsen dichte Eschenwälder, leben scheue Rehe, Hirsch und Wildschwein und auf den »dehesas« weiden friedlich wilde Kampfstiere in Sichtweite.

Weiter führt der Weg hinunter an die Costa del Sol nach Málaga, Torremolinos und Marbella. Dort schließt sich auch wieder der Kreis zu den Arabern. Denn die sind vor einigen Jahren ganz offiziell wieder in Andalusien an Land gegangen, werden seitdem geduldet, haben prächtige, moderne Paläste gebaut, und ihre millionenschweren Yachten liegen in exklusiven Häfen vor Anker. »Rückkehr im Rolls« betitelte ein Magazin den Aufschwung des einst verschlafenen Fischerdorfes Marbella zum protzigen, geldschweren Playboyzentrum, in dem Adelige aus dem Morgen- und dem Abendland zusammentreffen. Die Costa del Sol wurde auch zum kulturellen Mittelpunkt. Viele Veranstaltungen, Ausstellungen und Fiestas stehen im Sommer auf dem Plan. Es ist fast immer irgendetwas los.

Dank einer Schenkung der Schwiegertochter Picassos, Christine Ruiz Picasso, kommen 138 Werke des großen Meisters in seine Heimatstadt Málaga, wo sie von 1999 an im Buenavista-Palast gezeigt werden. Zu den Werken gehören das Porträt Olga Koklovas von 1917, der »Fliederzweig«, Zeichnungen aus den frühen Jahren und die Skulptur »Die schwangere Frau« von 1949. Die Regionalregierung von Andalusien hatte den Palast aus dem 16. Jahrhundert im Sommer 1996 gekauft und sich verpflichtet, dort ein Museum einzurichten.

Die Hafenstadt Málaga, malerisch am Fuß der Montes de Málaga gelegen, ist passender Ausklang einer Rundreise durch Andalusien – nicht nur, weil von hier die meisten Charterflieger in die Heimat gehen. Auch der Zauber Andalusiens lässt sich hier noch einmal in vollen Zügen genießen. Üppig gedeiht die subtropische Vegetation, und wer abends mit Blick auf das Meer den schon von den Mauren gerühmten Wein genießt, spürt, warum der südlichste für viele Reisende auch der schönste Teil Spaniens ist.

*Seite 24/25:
Tausende strömen alljährlich am letzten Aprilwochenende zur Wallfahrt »Virgen de la Cabeza« in der Nähe von Andújar (Provinz Jaén).*

23

ANDALUSIENS OSTEN

Ein Traum aus Licht und Schatten. Der Löwenhof in der Alhambra von Granada ist ein Meisterwerk maurischer Baukunst.

Andalusien gilt als die spanischste Region Spaniens. Jede der acht Provinzen zeigt sich mit einem eigenen, unverwechselbaren Charme und paßt sich, wie bei einem Mosaik, Stück für Stück harmonisch in ein Gesamtbild ein. Almería, die östlichste Provinz, ist bekannt für ihre bewohnten Höhlen, eine der grandiosesten Lösungen, die die volkstümliche Architektur in Andalusien hervorgebracht hat. Dieser Landstrich mit der intensivsten Sonneneinstrahlung Europas verfügt über herrliche Strände und über ein attraktives Hinterland. In der 160 000 Einwohner zählenden gleichnamigen Hauptstadt gingen schon phönizische Seefahrer vor Anker. Später kamen die Römer, dann die Araber, welche Almería eine eindrucksvolle Alcazaba bescherten, die Abderrahman III. im 10. Jahrhundert erbauen ließ. 1489 wurde die Stadt von den Katholischen Königen erobert. Die alten Traditionen haben sich in der Provinz zum Teil bis in die Gegenwart erhalten. In Campo de Nijar etwa ist man stolz auf die überlieferte Töpferhandwerkskunst. Ihr Ursprung reicht bis zu den Phöniziern zurück, deren Keramiken in Form und Farbe Vorbildfunktion hatten.

Die Stadt Granada war fast 800 Jahre im Besitz der Mauren, die als sichtbares Zeichen ihrer Macht die Alhambra, die »rote Burg«, hinterließen. Blüte und Fall des Maurenreiches auf spanischem Boden, das kann man – nicht nur innerhalb der Mauern der Alhambra – nachvollziehen. Zur Provinz gehört auch die Sierra Nevada, wo man selbst im Sommer, wenn unten im Tal die Orangen blühen, oben auf Schneefeldern Wintersport treiben kann.

Jaén ist die Heimat des Guadalquivir, des gut 650 Kilometer langen Flusses, der im Nordosten Andalusiens im Nationalpark Sierra de Cazorla, Segura y las Villas in 1369 Meter Höhe entspringt. Im Norden der Provinz erstreckt sich das Massiv der Sierra Morena, an dessen Fuß der Strom entlang fließt. Die Provinz gilt als Olivenölproduzent von Weltrang. Olivenplantagen prägen das Landschaftsbild auf weiten Strecken. Kleinodien in der Provinz sind die beiden Schwesterstädte Úbeda und Baeza, die sich als ein Open-Air-Museum der Renaissance präsentieren.

ALMERIA, GRANADA UND JAEN

Die weißen Dörfer sind ein Synonym für Andalusien. Vélez Blanco liegt malerisch am Fuß des Burghügels. Die Bewohner verstehen es, mit der Farbe Weiß zu zaubern.

Alltagsszenen in Vélez Blanco. In der Männerrunde werden die neuesten Informationen weitergegeben, am Brunnen gibt's kühles Trinkwasser und der Bauer zieht mit seinem Mulikarren durch den Ort. In vielen Orten scheint die Zeit still zu stehen und Hektik ein Fremdwort zu sein.

Seite 30/31:
Erhaben zeigt der Leuchtturm am Cabo de Gata in der Provinz Almería den Schiffen den Weg.

Unten:
Netze flicken ist die Tagesarbeit der Fischer von La Isleta del Moro am Cabo de Gata. Auch heute noch ist die Fischerei ein wichtiger Erwerbszweig.

Die Region um das Cabo de Gata ist der größte naturbelassene Küstenstreifen Spaniens. Über 60 Kilometer unberührte Küstenlandschaft mit weiten Sandflächen und nur vereinzelten, verstreut liegenden kleinen Siedlungen. Einladende Strände am Kap: die Playa de Mónsul (ganz links), die Playa de los Genoveses (links) und der Strand Salinas del Cabo de Gata (unten).

Die Fischer in La Isleta del Moro am Cabo de Gata und ihr frischer Fang.

Die Sierra de Gata und das Cabo de Gata bilden einen 29 000 Hektar großen Meeresnaturpark. Eine aride, wenig bebaute Küstenzone mit Dünen, Salinen und einer anschließenden Sierra, die vulkanischen Ursprungs ist. Doch im Frühjahr grünt und blüht es hier, dass es eine wahre Pracht ist. Und das alles nur etwa 30 Kilometer von Almería entfernt.

Unten:
Die Halbwüste bei Tabernas in der Provinz Almería bietet 320 Sonnentage im Jahr. Hier ein Solarkraftwerk aufzubauen lag ebenso nahe, wie die Landschaft als natürliche Westernfilmkulisse zu nutzen.

Rechts:
»Mini-Hollywood« in der Nähe von Tabernas war in den 60er und 70er-Jahren Schauplatz zahlreicher Italo-Western und ist heute mit seinen Vorführungen ein beliebtes Ausflugsziel, besonders bei Kindern.

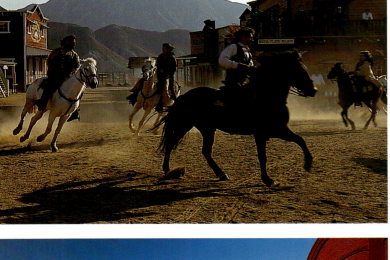

Seite 38/39:
Die Alhambra vor der Kulisse der schneebedeckten Sierra Nevada. Hier der Blick von der Plaza del Monasterio de Santa Isabell im Viertel Albaycín.

DIE ALHAMBRA

»Gib ihm ein Almosen, Frau, denn es gibt nichts Schlimmeres, als in Granada blind zu sein.« Dieser Ausspruch wird dem mexikanischen Lyriker Franzisco A. de Icaza zugeschrieben und ist auf einer marmornen Tafel am Torre de la Vela in der Alhambra nachzulesen. Granada, die Alhambra: zwei Namen, die in einem Atemzug genannt werden. Kaum ein Reiseprospekt, kaum ein Buch über Andalusien, das nicht den geheimnisvollen Löwenhof der Alhambra zeigt. Die Stadt mit dem maurischen Kastell, das seine wahre Schönheit erst im Inneren präsentiert, und mit den prächtigen Gärten des Generalife ist für Andalusienkenner ein »Ziel der Sehnsüchte«. So ist es zumindest in einem Reiseführer nachzulesen. Wer dann noch das Glück hat und die Perle Andalusiens rötlich schimmernd vor der Kulisse der schneebedeckten Gipfel der Sierra Nevada an einem herrlichen Sonnentag und guter Fernsicht »erwischt«, hat den Traum perfekt. Qala'at al-Hamra, rote Festung, scheint denn auch der Ursprung des Namens Alhambra zu sein.

Die Alhambra, ein Komplex aus Festungsbauten, Gartenanlagen und Palästen aus dem 13. und 14. Jahrhundert, den die Nasriden-Dynastie hinterlassen hat, gliedert sich in verschiedene Bereiche: Die Festungsanlage Alcazaba mit dem 26 Meter hohen Torre de la Vela, die Palacios Reales in der Mitte, Wohnsitz der Könige Granadas, der Königsstadt und die Alhambra Alta, in der auch der Parador de San Francisco von Granada zu finden ist. Gegenüber liegt der Generalife, der »Garten der Architekten«, eine herrliche Gartenanlage, die Sommerresidenz der maurischen Könige war.

Die entscheidenden Bauherren der Alhambra waren Yussuf I. (1333 - 1354) und sein Sohn Mohammed V. (1354 - 1391). Auf Yussuf geht der Komplex um den Cuarto de Comares zurück, auf Mohammed der Löwenhof und die übrigen Teile des Palastes. In seinen Bann zog dieser muslimische Prachtbau, der von einer vier Kilometer langen Mauer umgeben ist, die Menschen seit eh und je. Der amerikanische Schriftsteller und Diplomat Washington Irving hat während seiner Reisen Andalusien, Granada und speziell die Alhambra kennen und lieben gelernt. 1832 veröffentlichte er in London sein Buch »Erzählungen von der Alhambra«. Ein Bestseller, der nicht nur in Granada zahllose Auflagen erlebte.

»Für den gefühlvollen Reisenden, der Sinn für Kunst, Poesie und Geschichte hat, der die Natur liebt und die Menschen in ihrer Ursprünglichkeit, dem ist die ›rote Burg‹, die Alhambra Granadas, ebenso ein Gegenstand der Verehrung, wie die Kaaba in Mekka, die jeden gläubigen Moslem in die Knie zwingt.« Irving hatte das Glück, mehrere Monate »wie gebannt in dem alten bezaubernden Gebäude« zu leben. Die Ergebnisse seiner Untersuchungen, Forschungen und

Studien, die er dort anstellte, hat er in einem fast 400-seitigen Buch zusammengetragen, das für den heutigen Besucher so eine Art Standardwerk zur Alhambra geworden ist.

Stoff für Geschichten, kulturhistorische Abrisse und auch Romane. Colin de Silva hat sich in seinem gleichnamigen historischen Roman der Alhambra zur Maurenzeit angenommen. Der fast 800 Seiten starke Schmöker spielt im 14. Jahrhundert, einer Zeit, in der das Land von Kriegen und Glaubens-

Links:
Einfach märchenhaft: Die Kuppel in der Sala de las dos Hermanas (oben), dem Saal der zwei Schwestern, »kann in seiner Herrlichkeit mit dem Himmelsgewölbe wetteifern«, schrieb Ibn Zamrak im 14. Jh. in einem Gedicht für Mohammed V. Hier war der Empfangs- und Regierungsraum der Alhambra. *Der Patio de la Acequia im Generalife (unten), der Garten der Architekten,*

40

»ZIEL DER SEHNSÜCHTE«

st maurische Gartenbaukunst in Vollendung. Der Garten gehört, obwohl er über die Jahrhunderte mehrfach verändert wurde, zu den ältesten noch bestehenden Teilen der nasridischen Alhambra.

Unten:
Selbst die Details verzücken. Stilvolles Stuckdekor und arabische Kalligraphien als Ornament.

Rechts:
Einer der Durchgänge zum Löwenhof (oben) in dessen Zentrum der Löwenbrunnen (unten) ist. Das Bassin wird von zwölf stilisierten Löwen getragen. Der Reiseschriftsteller Théophile Gautier wohnte in der ersten Hälfte des 19. Jahrhunderts eine Zeit lang im Löwenhof der Alhambra. Er schrieb: »Ohne Zweifel die bezauberndsten Augenblicke meines Lebens«.

kämpfen zerrissen war. Der Fluch – denn der Jude Yussuf ibn Nagralla hatte die Alhambra mit einem Fluch belegt – zieht sich wie ein roter Faden durch die Geschichte. Und endet erst, als Abu Abdullah Boabdil, der letzte muslimische König von Granada, 1492 aus der Alhambra in die Verbannung tritt. »Allerdings wagte keiner der christlichen Herrscher, etwas an dem Gebäude zu verändern oder seiner wundersamen Schönheit etwas hinzuzufügen«, schreibt de Silva. Abgesehen von dem Renaissance-Palast, den Kaiser Karl V. im Jahr 1526 mitten in die riesige Anlage setzen ließ, stimmt das auch. »Schließlich wohnte niemand mehr in diesen Mauern, nur der Wind strich geisterhaft heulend und wehklagend durch das leere Gemäuer. Verfallen und einsam stand sie bis zum Jahre 1828 da, als ein Kunstliebhaber aus der Neuen Welt, aus den Vereinigten Staaten von Amerika sie entdeckte.« Das war Washington Irving, der zum Abschied folgenden Vers schrieb:

»Adiós Granada, Granada mía
ya no volveré a verte más an la vida...«
»Behüte dich Gott, Granada, mein geliebtes Granada,
nie mehr werde ich dich in diesem Leben
wieder sehen...«

Und damit meinte er natürlich die Alhambra, die ihm einige Monate lang ein Zuhause war.

Links:
Fast zwei Jahrhunderte wurde an dem mächtigen Renaissancebau der Kathedrale von Granada gebaut. 1703 waren die Arbeiten vollendet.

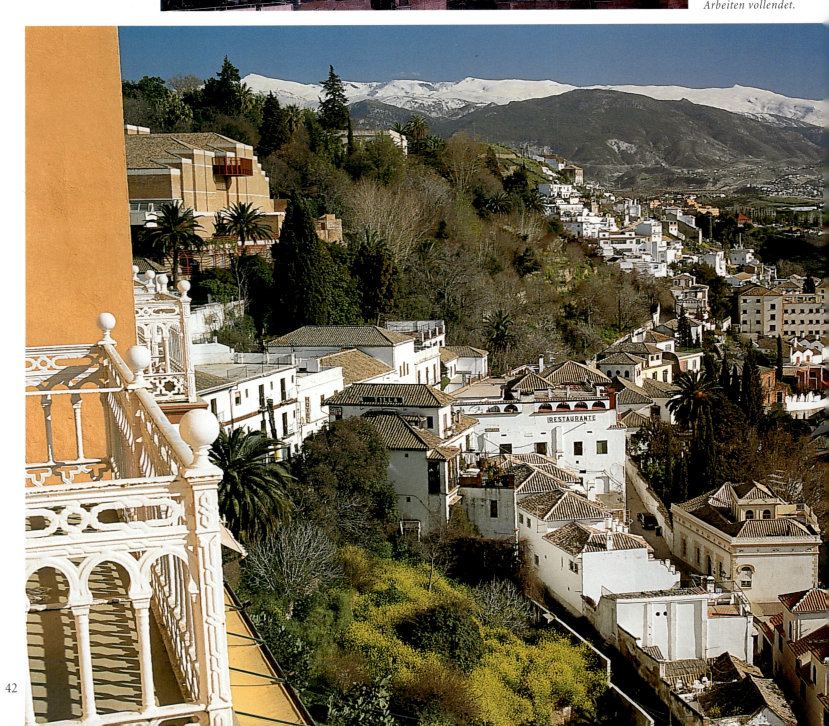

Unten und rechts:
Einen der schönsten Blicke über Granada kann man vom Hotel Alhambra Palace genießen (unten). Dort, im Salon des Hauses, lässt man einen anstrengenden Besichtigungstag angenehm ausklingen (rechts).

Unten:
In seiner ganzen Struktur erinnert das Altstadtviertel Albaycín auf dem Hügel gegenüber der Alhambra (ganz unten) an die maurische Geschichte. Das Kopfsteinpflaster ist holprig, die Gassen sind eng und verwinkelt, die Treppen steil und die Häuser blumengeschmückt (unten).

43

Unten und rechts:
Töpferwaren gehören nach wie vor zu den Gebrauchsgütern in andalusischen Haushalten – und sie sind beliebte Souvenirs. Viele Werkstätten haben sich auf die Herstellung spezialisiert, wie die Keramikwerkstatt von Angel Lores in Nijar in der Provinz Almería.

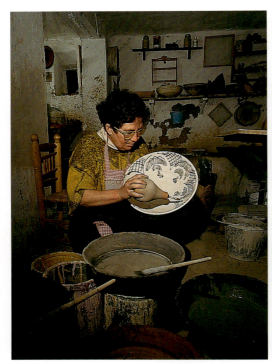

Rechts:
Knapp 60 Kilometer östlich von Granada liegt Guadix. In den kahlen Bergkegeln aus Lößgestein wurden Höhlenwohnungen geschaffen. Vor allem seit dem 15. Jahrhundert von eingewanderten Zigeunern. Die Wohnungen bieten den Vorteil, dass sie sich selbst klimatisieren: Im Sommer bleiben sie kühl, im Winter schützen sie vor Kälte.

Oben:
Auf den andalusischen Wochenmärkten bieten die Bauern aus der Umgebung ihre Waren an. Getreide und Gewürze gibt es offen zu kaufen. Und wer, wie hier in Guadix, den Sonntagsbraten günstig erstanden hat, trägt ihn stolz nach Hause.

Unten:
Zum Castillo von La Calahorra pilgern nur wenige Besucher. Die Burg wurde nicht zu maurischer Zeit erbaut, sondern erst 1510 und hatte nie eine militärische Funktion, sie diente als Residenz.

Rechts:
Traditionelles Handwerk hat noch immer Bedeutung – der Korbflechter Paquito el Gitano in Benalúa de Guadix.

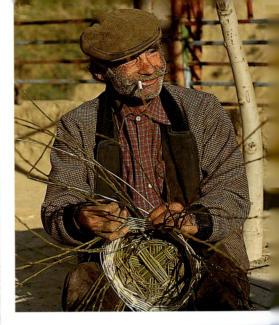

Oben:
Töpferwaren werden auch auf dem Marktplatz in Aldeire in der Sierra Nevada angeboten.

Links:
Idyllisch für den Betrachter, einsam für die Bewohner. Der Schäfer weidet seine Herde in der Nähe von Jeréz del Marquesado in der Sierra Nevada.

Unten:
Wenn auf dem Hauptkamm der Sierra Nevada noch Schnee liegt, ist es in der Nähe von La Calahorra bereits Frühling.

Seite 48/49:
Das Castillo Vélez Blanco vor der Kulisse des Berges »La Mula« gehört zu den Renaissance-Burgen, die andalusische Adelige Anfang des 16. Jahrhunderts hatten bauen lassen (Provinz Almería).

Unten:
In der weiten Landschaft der Provinz Granada ist die Landwirtschaft ein wichtiger Wirtschaftsfaktor. Die Fincas verfügen zum Teil über riesigen Grundbesitz.

Rechts:
Olivenbäume sind die wichtigsten Kulturpflanzen in dieser Region. Auf großen Plantagen wie bei Puerto del Zegri (rechts), aber auch auf kleinen Flächen um die Fincas (ganz rechts) werden Oliven angebaut.

Unten:
Ein typisches Produkt für die Sierra-Region ist der köstliche luftgetrocknete Schinken, der auf althergebrachte Weise gelagert wird, bis der richtige Reifegrad erreicht ist. Der Einsatz von Tieren in der Landwirtschaft oder als Transportmittel ist auch heute noch üblich.

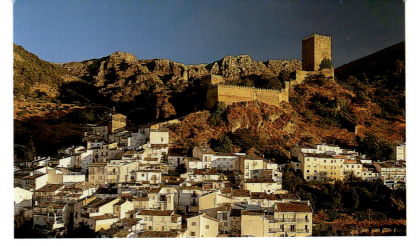

Rechts:
Cazorla ist der Hauptort der Sierra de Cazorla in der Provinz Jaén. Über dem Ort erhebt sich eine mächtige Burg arabischen Ursprungs.

Unten:
Olivenplantagen, so weit das Auge reicht. Im Hintergrund liegt der Ort Limones in der Provinz Granada.

Unten:
Die Provinz Jaén war der strategisch wichtigste Punkt zwischen der kastilischen Meseta und dem Guadalquivir-Tal. Die imposanten Festungsanlagen sind von den Mauren errichtet, später aber von den Christen erneuert und ausgebaut worden. Ein Paradebeispiel ist die uneinnehmbare Festung Iruela in der Sierra de Cazorla.

Oben:
Oliven und immer wieder Oliven: Die Finca bei Mancha Real in der Provinz Jaén ist ein Muster einer exakt angelegten Olivenplantage. Bei der Ernte werden die Äste geschüttelt, bis die Oliven in die ausgebreiteten Netze fallen. Diese kleinen grünen (hier noch unreifen) Früchte sind eine der Haupteinnahmequellen von Andalusiens Landwirtschaft.

DIE MAUREN IN SPANIEN

Die Eroberung Spaniens durch den Islam im Jahre 711 bedeutete besonders für Andalusien Fortschritt und eine beispiellose Blüte. Das Kalifat von Córdoba war lange Zeit die Quelle und der Gipfel des frühen europäischen Mittelalters, seine Hauptstadt die größte Metropole des Kontinents. Muslime, Christen und Juden lebten friedlich nebeneinander. Acht Jahrhunderte hindurch lehrten die Araber landwirtschaftliche Techniken, botanische und wissenschaftliche Kenntnisse, Dichtkunst und intellektuelle Konzepte. Die Landwirtschaft wurde revolutioniert. Die Leidenschaft der Araber für Wasser, Pflanzen und Bäume gipfelte in einer ausgeklügelten Bewässerungstechnik und im Artenreichtum der Felder und üppigen Gärten.

Als Abderrahman Al-Dajil im September 755 bei Almuñecar im alten phönizischen Hafen an Land ging, war der Grundstein für den unabhängigen Staat Al-Andalus fast gelegt. Der Adelige war der einzig Überlebende des Omayyadengeschlechts, das von den abassidischen Kalifen in Damaskus niedergemetzelt worden war. Er besiegte seine Feinde, ließ sich zum König krönen und wählte Córdoba zur Residenz, die unter seiner Hand einen raschen Aufschwung nahm.

Nachdem das Kalifat der Omayyaden in Spanien in der ersten Hälfte des 11. Jahrhunderts zusammengebrochen war, hatten eine Reihe von Statthaltern Andalusien unter sich aufgeteilt. Dabei entstanden die Taifas, kleine Fürstentümer, deren Herrscher einander ständig bekriegten. Dennoch blühte während dieser Epoche eine lebendige Kulturszene, deren Zentren neben Córdoba mit seiner weltberühmten Bibliothek in Sevilla, Granada, Toledo, Málaga, Zaragoza und Valencia lagen. Im übrigen Spanien machte sich der Geist der Reconquista, der Zurückeroberung der von den Mauren besetzten Gebiete, breit. Das politisch zerrissene Andalusien konnte dieser Bewegung kaum Widerstand entgegensetzen. Daher wandten sich die andalusischen Fürsten an die mächtigen Almoraviden, die sich in den Maghrebländern ausgedehnt hatten. Dieses starke Berbervolk wurde von den feinsinnigen Maurenfürsten Andalusiens zu Hilfe gerufen. Der Emir von Sevilla wünschte sich diese Unterstützung, um die Bedrohung des Islam durch die Spanier abzuwenden.

Der heilige Krieg wurde ausgerufen – und die Kämpfer aus der Wüste konnten im Jahr 1086 der christlichen Reconquista in der Schlacht bei Sallaka Einhalt gebieten. Allerdings ging die Rechnung der andalusischen Fürsten nicht ganz auf, denn die Wüstensöhne aus dem Maghreb unter der Führung von Yussuf Ibn Tachfin übernahmen kurzerhand die Macht in Andalusien und vertrieben die Taifas-Könige. Da die Berber aber untereinander uneins waren, driftete der Almoravidenstaat bald in die Krise. Die Dynastie der Almohaden kam ans Ruder. Dieser Stamm war aus einer religiösen Bewegung hervorgegangen, der die Rückkehr zum Dogma der absoluten Einheit Gottes verlangte. Nach dem rasanten Aufstieg der Almohaden verfiel das Reich in der ersten Hälfte des 13. Jahrhunderts erneut. Die Reconquista der Spanier versetzte den Mauren heftige Schläge und eroberte dabei Tolosa sowie Córdoba zurück.

Zudem strebten die Nasriden in Andalusien an die Macht, die die Almohaden nach und nach vertrieben. Von 1236 bis 1492

herrschten die Nasriden in Granada, gerieten aber immer mehr unter den Druck der Reconquista. Die letzte Bastion der Mauren, das nasridische Königreich von Granada, wurde dann 1492 von den Katholischen Königen zurückerobert. Boabdil, der letzte

Links oben:
Der Befreiungskampf der Spanier gegen die Mauren, die Reconquista, beschäftigte die Kunstszene des Mittelalters. Die Schlacht von Higuerela am 1. Juli 1431 verewigte ein unbekannter Künstler im 16. Jh. auf einer Wand im Palacio de los Borbones im Escorial südlich von Madrid.

Links:
Die Badekultur der Mauren war hoch entwickelt. Die erhaltenen Badeanlagen in Andalusien zeugen heute noch davon. Die Restaurateure der

EIT DER BLÜTE, PRACHT UND HERRLICHKEIT

Maurenkönig, übergab den Spaniern am 2. Januar die Schlüssel zu Granada. Unter Tränen, wie die Geschichtsbücher schreiben.

Im selben Jahr lief Kolumbus aus dem andalusischen Hafen Palos bei Huelva aus, um neue Welten zu entdecken. Das Abendland gewann allmählich seine eigene Identität zurück – doch die maurischen Einflüsse haben ihre Spuren unübersehbar bis zum heutigen Tag hinterlassen, besonders in der Kunst und in der Architektur.

arabischen Bäder von Jaén haben für ihre Arbeit den Europa-Nostra-Preis erhalten.

Oben:
Der Salón von Abderrahman III. in Medina al-Azahara, wenige Kilometer westlich von Córdoba, ist ein Musterbeispiel maurischer Architektur des 10. Jh. Der Herrscher hat diese Palastanlage für seine Lieblingsfrau Azahara erbauen lassen.

Rechts:
Die Mauren galten in der Vergangenheit als grausam und unmenschlich. Dies spiegelte sich auch in der Malerei wieder: Henri Regnault (1843–1871) betitelte sein Werk »Hinrichtung ohne Urteil unter den maurischen Herrschern von Granada« (heute im Musée d'Orsay in Paris).

Zeittafel
711: Sieg der islamischen Truppen über die Westgoten bei Gibraltar.
756: Abderrahman I. gründet das Unabhängige Emirat Al-Andalus.
929: Abderrahman III. ruft das von Damaskus unabhängige Kalifat von Córdoba aus.
1031: Das Kalifat zerfällt in zahlreiche Taifas.
1086–1212: Al-Andalus wird, mit einigen Unterbrechungen, von den maghrebinischen Stämmen, den Almoraviden (1086–1147) und den Almohaden (seit Mitte des 12. Jh.), wieder vereint.
1212: Die Schlacht der Navas de Tolosa treibt die Eroberung großer Teile Andalusiens durch die Christen voran.
1232: Das nasridische Königreich von Granada wird proklamiert.
1248: König Ferdinand III. nimmt Sevilla ein.
1492: Die katholischen Könige erobern Granada zurück. Damit endet die islamische Herrschaft in Andalusien.

Rechts und unten:
Baeza: Erholsam ist eine Rast im Garten des Palastes de Jabalquinto aus dem 16. Jahrhundert (rechts), der Blütezeit des Städtchens. Der Löwenbrunnen und das Stadttor, der Arco de Pópulo am Plaza del Pópulo sind weitere Beispiele der Renaissance-Architektur, die für das aristokratische und charmante Städtchen so typisch ist (unten).

Oben:
Die Iglesia de Santa Cruz weist einen spätromanischen Baustil auf, der im übrigen Andalusien nur selten zu finden ist.

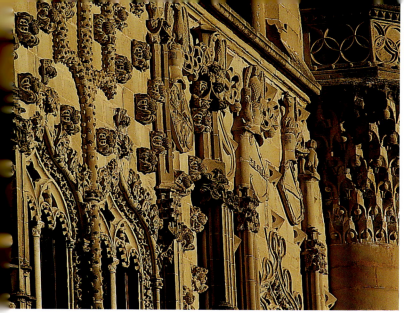

Unten und links:
Baeza ist so eine Art Freilichtmuseum der Renaissance, in dem die Profanbauten den Kirchen die Schau stehlen. Der Palacio de Jabalquinto mit seiner prunkvollen Fassade ist ein Beispiel für raffiniertesten gotisch-isabellinischen Stil.

Seite 60/61:
Jaen ist die Hauptstadt der gleichnamigen Provinz. Die mächtige Kathedrale und die imposanten Ruinen einer Maurenfestung dominieren das Bild der Stadt, die lange Jahre ein Vorposten der Reconquista war, als es darum ging, die Mauren zurückzudrängen. 1491 sammelten sich hier die Heere der katholischen Könige, um Granada zu erobern.

Seite 62/63:
Wallfahrten zu Pferd oder mit prächtigen Gespannen sind ein fester Bestandteil im liturgischen Jahr Andalusiens. Die Wallfahrt zur Virgen de la Cabeza bei Andújar am letzten Aprilwochenende geht auf das 13. Jahrhundert zurück.

30 Kilometer weit wird die Madonna abwechselnd auf den Schultern der Männer aus über vierzig Bruderschaften getragen. Mehrere tausend Menschen strömen hier zusammen, um der Muttergottes zu huldigen.

Voller Inbrunst sind auch die Männer dabei, wenn sie zum verehrten Wallfahrtsort pilgern. Am Ziel angekommen, zündet man unzählige Kerzen zu Ehren der Patronin an und hängt Devotionalien auf als Dank, dass man von einem Leiden geheilt worden ist. Der Hingabe sind keine Grenzen gesetzt. Einer der Wallfahrer hat die Virgen de la Cabeza auf dem Fels porträtiert.

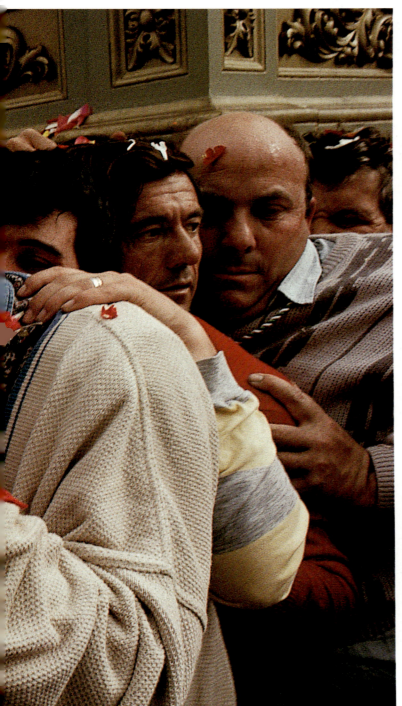

65

VON ZWEI MEEREN UMSPÜLT

Der Acueduto del Águila überspannt den Barranco de Maro in der Nähe der Tropfsteinhöhle von Nerja. Was wie ein Überbleibsel aus der Römerzeit anmutet, ist erst im letzten Drittel des 19. Jh. gebaut worden. Die 36 Bögen, die sich auf vier Ebenen verteilen, sind aus Mörtel und Ziegel errichtet. Mittig besitzt der Aquädukt ein kleines Türmchen mit einer Windfahne in Form eines Adlers (span. Aguila), daher auch der Name.

Von den Wogen zweier Meere umspült zieht sich die Provinz Cádiz um die südliche Spitze Andalusiens: im Westen der Atlantik, im Osten das Mittelmeer. Im Norden begrenzen die Ausläufer der verschiedenen Gebirgszüge, der Sierras von Cádiz, das Land. Nördlich der Serranía de Ronda schließt sich die Provinz Málaga an. Hier findet man die »weißen Dörfer«, die häufig den Beinamen »de la Frontera« tragen, was soviel bedeutet wie »an der Grenze«. Reizvolle Orte, die von ihrer jahrhundertelangen Geschichte als Grenzorte geprägt wurden. Burgen und Festungen geben Zeugnis davon. Die Hauptstadt Cádiz liegt an der Küste auf einer Halbinsel, die mit dem Festland nur durch eine schmale Landzunge verbunden ist. Ein Großteil ihrer Geschichte rankt sich um die nicht immer ruhmreiche Seefahrt. 1596 wurde Cádiz von einem englischen Flottenverband überfallen. 1805 startete die französisch-spanische Flotte zum Kap Trafalgar, wo sie vernichtend geschlagen wurde. Friedlicher geht es heutzutage zu, wenn sich Surffreaks aus aller Herren Länder an den Stränden von Tarifa treffen, um ihr Können hart am Wind zu beweisen. 710 landete in dieser Stadt ein Expeditionsheer der Araber. 711 überqueren die Araber die Straße von Gibraltar, vernichteten das Westgotenreich und gründeten in Südspanien die arabische Provinz al-Andalus.

Nur ein Katzensprung ist es von hier in die Provinz Málaga, an die Costa del Sol mit dem Prominenten-Ort Marbella und dem Pauschalurlauberparadies Torremolinos. Málaga ist die zweitgrößte Stadt Andalusiens und eine Drehscheibe des Tourismus. Vom Großflughafen werden während der Sommersaison täglich tausende von Urlaubern über die Costa del Sol verteilt. Das Hinterland ist in weiten Teilen noch unberührt. Die Route der »weißen Dörfer« setzt sich hier fort. Ronda, ein romantisches Bergstädtchen und die Wiege des Stierkampfes, liegt mitten in den Bergen. Und im Norden Málagas dehnt sich die Comarca de Antequera aus, eine der andalusischen Kornkammern.

CÁDIZ UND MÁLAGA

Rechts und großes Bild:
Puerto Banús, etwa zehn Kilometer westlich von Marbella, ist einer der letzten Jetset-Treffs an der Costa del Sol. Große und kleine Yachten geben sich hier ein Stelldichein, wenn sie Andalusiens Küsten auf den Spuren der legendären Seefahrer abklappern.

Oben:
Einladend ist das Städtchen Estepona sowohl am Strand als auch im Ort. Die Fischerboote vor der Kulisse der Hotelburgen sind keine Dekoration. Auch hier gehen die Fischer noch ihrer Arbeit nach.

Mitte und links:
Wer durch die engen, verwinkelten Gässchen der Altstadt von Marbella spaziert, stößt irgendwann unweigerlich auf die Kathedrale (Mitte). So leer wie hier sind die Strände in Torremolinos allerdings nur in der Vor- und Nachsaison. Das einstige Hippie-Paradies ist längst zum Massentourismusort verkommen (links).

Eine 200 Meter tiefe Schlucht trennt die Altstadt Rondas von der Neustadt. Am Rande dieses Absturzes bei der Puente Romano kleben die Häuser direkt am Fels.

Wenn der Anstrum der Tagesbesucher vorbei ist, kehrt Ruhe in Ronda ein. Dann arbeitet der Schuhputzer wie eh und je am Straßenrand. Der blumengeschmückte Patio lädt zum Verweilen ein und im Antiquitätengeschäft lohnt genüssliches Stöbern.

Seite 72/73:
Der Blick vom Balcón de Europa: Die Playa Burriana bezeichnen Kenner als »Juwel der Costa del Sol«.

Unten und rechts: *Das Kalken der Hauswände hat mehr als nur ästhetische Funktion. Weiß reflektiert das Sonnenlicht und hält die Häuser der »weißen Dörfer«, wie hier in Cómpata (Provinz Málaga) auch unter sommerlicher Hitze angenehm kühl.*

Links:
Religiöse Wegzeichen finden sich an diesem Durchgang in Frigiliana. Und damit auch immer alles blendend weiß bleibt, sind in regelmäßigen Abständen überall Maler zugange.

Oben:
Seit die »weißen Dörfer« häufig von Urlaubern besucht werden, bieten Kunsthandwerker ihre Produkte an. Am Abend wird man an diesen romantischen Plätzen bestens kulinarisch versorgt.

FLAMENCO: HOHE

Links:
Der Cante flamenco, auch cante jondo genannt, ist ureigenster Schatz der andalusischen Folklore. Die Vielfalt der Region und der Traditionen hat über 50 Liedarten des Flamenco geschaffen.

Der direkteste Weg ins Herz des Flamenco führt über den Tanzboden eines Tablaos (Flamenco Kneipe, links unten), über eine Peña Flamenca (Flamenco-Freundeskreis) oder über eines der zahlreichen Festivals.

Zündende Klänge, Geklapper der Kastagnetten, rhythmisches Stampfen der Füße – kraftvolle und zugleich anmutige Bewegungen dunkelhaariger glutäugiger Frauen, die in bunten, gerüschten Kleidern über die Bühne wirbeln. Tänzer, die feurige Erotik symbolisieren, wie derzeit Joaquín Cortés, das »Fleisch gewordene Ideal eines Latin Lovers«, wie ihn die Presse europaweit rühmt. Flamenco – ein Zauberwort, das je-

dem Spanienreisenden auf seiner Fahrt in den Süden begegnet: in den Flamenco-Shows in den Hotels, Restaurants und Tablaos, den ursprünglichen kleinen Kneipen mit Musik und Tanzdarbietungen. Als kurzweilige Unterhaltung wird er zu einem Gläschen Sherry, Rotwein oder Sangria gereicht. Doch Flamenco ist mehr als das.

Flamenco ist eine hohe Kunst, aus der Not heraus geboren. Eine Musik, entstanden im Milieu von Elend, Armut und Verzweiflung einer verfolgten Minderheit. Ein musikalischer und tänzerischer Ausbruch der Volksseele der Gitanos, der südspanischen Zigeuner. »Cante jondo« – »tiefinnerer Gesang« – hieß der Flamenco ursprünglich. Denn der Gesang ist im reinen Flamenco, dem Flamenco puro, nach wie vor das Zentrum. Nur begleitet vom rhythmischen Händeklatschen (Palmas) und Fingerschnipsen (Pitos) erzählen die Sängerinnen und Sänger (Cantaores) ihre Ge-

schichten von Bedrohung, Angst, Armut, Tod, aber auch von (oft enttäuschter) Liebe. Der Tanz selbst steht nie im Mittelpunkt. Die Bewegungen der Tänzer sind wenig spektakulär, eher sparsam, dafür aber mit einem ausdrucksstarken Spiel der Arme, Hände und Finger. Der Tanz zum Cante jondo ist auch niemals ein Gruppentanz. Er entsteht zwar aus einer Gruppe heraus, doch es ist immer nur eine einzelne Person, die aus dem Kreis heraustritt, um sich und ihr Gefühl darzustellen. Die Gitarre, für die meisten das spanische Musikinstrument schlechthin, kam erst vor gut 100 Jahren dazu. Sänger, Tänzer und Gitarrist bilden eine Einheit, die nach festen Regeln den Cante geradezu zelebrieren.

Der Cante hat seit der Kommerzialisierung des Flamencos Ende des 18. Jahrhunderts viel verloren. Und das liegt nicht zuletzt an der Sprache. Denn die Liedtexte, um die es ja eigentlich geht, sind nur schwer zu verstehen: Stark andalusisch gefärbtes Spanisch oder Caló, die Sprache der südspanischen Gitanos, können dem Nichtkenner die Aussagen und Inhalte nicht vermitteln. Damals hatte die Unterdrückung der Gitanos in Spanien nachgelassen. Langsam wagten sich die Zigeuner aus der Isolation, in der sie lange Jahre den Cante jondo wie eine Zeremonie innerhalb ihrer Familienclans gepflegt hatten.

Die »weißen« Andalusier begannen sich für die Musik der Gitanos zu interessieren. Und bei den Señoritos, den reichen Söhnen der Großgrundbesitzer, galt es bald als chic, zu privaten Flamenco-Darbietungen (juergas) einzuladen. Die Künstler wurden von nun an für etwas bezahlt, was sie bisher nur unter und für sich gesungen, gespielt und getanzt hatten. Etwa um 1840 entstanden die »Cafés cantantes«, die den Gitanos Auftrittsmöglichkeiten boten. Feste Arbeitsverträge und Gehälter waren ein solider Grundstock, die Künstler konnten sich darauf konzentrieren, Neues zu schaffen und ihre Fähigkeiten weiterzuentwickeln.

Im Laufe der Zeit nahm der Flamenco viele folkloristische Elemente auf, vermischte sich mit anderen andalusischen Musik- und Tanzformen, wurde schwüls-

KUNST, AUS DER NOT GEBOREN

ort lassen sich dann die
Darbietungen zeitgenössi-
cher Sänger, Sängerin-
nen, Gitarristen, Tänzer
und Tänzerinnen verfol-
gen, wie sie zum Beispiel
ole und Manuel in
evilla (links) präsentie-
en.

Rechts:
Ein Flamenco-Fest in
Arcos de la Frontera:
Jeder darf mitmachen
und alle sind dabei.

Unten und rechts unten:
Flamenco hat Tradition und fasziniert seit langem. Edouard Manet verewigte »Das spanische Ballett« 1862 in Öl auf Leinwand (unten) und sein Künstlerkollege Gustave Doré fand Gefallen an diesem Paar, das Sevillanas tanzt (rechts unten).

tig. Immer wieder wurde versucht, den Flamenco publikumsgerecht zu vermarkten und zu manipulieren. Dabei gingen viel Authentizität und auch dokumentarischer Wert verloren. Denn der Flamenco ist Teil einer kulturellen und gesellschaftlichen Entwicklung, deren ursprüngliche Gesellschaft, nämlich die der unterdrückten Gitanos, in dieser Form nicht mehr existiert.

Musik, Gesang und Tanz sind zur Kunstform avanciert, die weit über Andalusien und die Grenzen Spaniens hinaus bekannt wurde. Längst sind unter den Inter-

preten nicht mehr nur Gitanos. Auch die »Payos« (Nicht-Zigeuner) haben Erfolg im Flamenco, selbst Ausländer wie der Amerikaner D. E. Pohren, der seine spanische Frau Luisa Maravilla oft auf der Gitarre begleitet.

Flamenco sehen kann man in Spanien überall. Flamenco erleben allenfalls hinter verschlossenen Türen, wenn der Wirt frühmorgens um fünf die Kneipe schließt, weil ein kleiner Kreis von Freunden und Kennern dem Cante lauscht, den ganz unvermittelt einer der Gäste anfing. Oder natürlich auf einer der Ferias, wenn die meisten gegangen sind, und Hektik und Trubel der Ruhe Platz gemacht haben.

Warum heißt der Flamenco Flamenco?
Es gibt viele Deutungen, woher das Wort Flamenco kommt. Selbst Sprachwissenschaftler haben sich lange damit auseinandergesetzt und keine endgültige Erklärung gefunden. Vermutlich nannten die Spanier den Cante der Gitanos so. Denn Flamenco bedeutet so viel wie »zigeunerisch«.

Das Hinterland von Málaga hält eine ganze Reihe von landschaftlichen Schönheiten verborgen, die sich alle gut bei einem Tagesausflug erkunden lassen. Sehenswert ist die Höhlenwohnung in der Gaitanes Schlucht (unten). Spektakulär präsentiert sich auch die Felsenklamm El Chorro bei Álora, mit dem Durchbruch des Río de Guadalhorce (rechts).

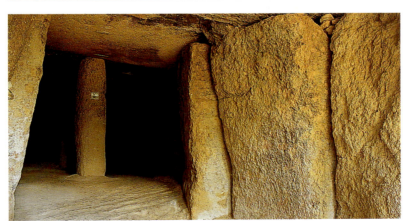

Im El Torcal-Gebirge bei Antequera zeigen sich ganz deutlich die Karsterosionen. Vegetation gibt es hier kaum (oben und links oben). Ein Muss für alle, die an der Vorgeschichte der Menschheit Interesse haben: die Cueva de Menga (2500 v. Chr.). Hier haben Baumeister aus der Bronzezeit einen eindrucksvollen Beweis ihrer Fähigkeiten erbracht (links unten).

nks:
*...f einem Felssporn der mit Korkeichen und
...ivenbäumen bestandenen Sierra de Bermeja über
...tepona drängen sich die weißen Häuser von
...sares. Die unvergleichliche Ästhetik seiner Lage
...erdeckt die Spuren der allzuraschen touristischen
...schließung.*

*Im bergigen Hinterland von Fuengirola liegt das
Städtchen Mijas. Der Ort ist ein beliebtes Ausflugsziel, der von der Küste leicht zu erreichen ist. Still
und kühl ist es in der Grotte Virgen de la Peña (oben).*

Eindrucksvoll ist der Blick vom Gibralfaro, dem 130 Meter hoch über Málaga liegenden Burghügel, auf die mit 540 000 Einwohnern zweitgrößte Stadt Andalusiens. Die Stierkampfarena kontrastiert mit den hohen Bauten im Stadtviertel Malagueta.

Málaga ist eine geschäftige Stadt, die vielfach von Kreuzfahrts- und Handelsschiffen angefahren wird (oben). Der Containerhafen bei Algeciras vor der Silhouette des Felsens von Gibraltar ist meistens stark frequentiert. Zudem setzen von hier aus jährlich über vier Millionen Passagiere nach Tanger oder Ceuta über (Mitte). Seit 1704 gehört der Felsen von Gibraltar zu Großbritannien (unten).

Unten:
Cádiz liegt auf einer Halbinsel und soll die älteste Stadt Europas sein, sie wurde um 1100 v. Chr. von den Phöniziern gegründet. Ihre Blüte erlebte die heutige Industriestadt zur Zeit des spanischen Kolonialreiches, als spanische Seefahrer sich von hier aus aufmachten, neue Welten zu entdecken. Von diesem einstigen Glanz ist heute an der Uferpromenade nicht mehr viel zu spüren.

Rechts:
Der Festungsturm bei Tarifa, dem südlichsten Punkt Spaniens: Der Name geht auf den Berber Tarif ben Malluk zurück, der 710 hier als Anführer eines arabischen Expeditionsheers landete.

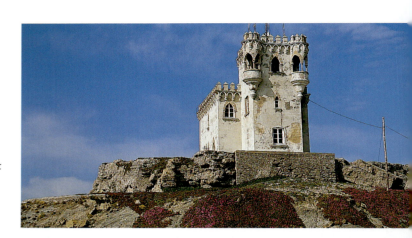

Links und oben:
Über 130 Jahre wurde an der Kathedrale von Cádiz gebaut. Sie ist daher ein Sammelsurium barocker, klassizistischer und historisierender Stilelemente (oben). Die Altstadt ist in ihrem Kern völlig intakt (links).

Mitte und unten:
Über die Grenzen der Stadt hinaus bekannt ist die Palmsonntags-Prozession in Tarifa.

Seite 86/87: Arcos de la Frontera klebt an einem Felssporn 160 Meter über dem Río Guadalete.

Der Ort zählt zu den bekanntesten auf der Route der weißen Dörfer.

Rechts:
Malerisch unter einem natürlichen Dach aus Fels haben die Bewohner von Setenil im Tal des Río Trejo ihre Häuser gebaut.

Das »weiße Dorf« Arcos de la Frontera ist geprägt von verwinkelten Gässchen und traumhaften Patios (Innenhöfen). Ein Musterbeispiel ist der Patio des Restaurants »El Convento« (ganz links). Andalusien wie im Bilderbuch: weiße Mauern, üppige Blütenpracht und unendliche Ruhe.

Links:
Dort, wo Atlantik und Mittelmeer zusammentreffen, schlägt das Herz der Windsurfer höher. Bei Zahara de los Atunes an der Costa de la Luz ist eines der begehrtesten Reviere.

Unten:
Beliebt ist dieser Küstenstreifen bis zur Meerenge von Gibraltar auch wegen seiner unberührten Dünenlandschaft wie hier bei Punta Paloma, die neben den Surffreaks auch Naturliebhaber anzieht.

Seite 92/93:
In der Provinz Cádiz reihen sich entlang der »Ruta del Toro« gut 20 Kampfstierzuchten aneinander. In Alcalá de los Gazules werden mit den Leitkühen gerade die Stiere zu den Weiden getrieben.

Das Geheimnis des Sherry ist das Solera-Verfahren. Das ist so eine Art Stufenleiter, in der durch regelmäßiges Vermischen der unterschiedlichen Reifestadien die Charakteristika der älteren Weine an die jüngeren weitergegeben werden. Eine Aufgabe, die dem Kellermeister (hier bei Gonzáles Byass) obliegt, der durch stetes Verkosten und Testen für eine immer gleich bleibende Qualität Sorge zu tragen hat (oben und rechts). Auch in der Kellerei Domecq lagern die Sherry-Fässer übereinander) und werden regelmäßig kontrolliert (Mitte und unten).

ENTLANG DEM GUADALQUIVIR

Bei der Corrida, dem Stierkampf, scheiden sich die Geister. Die Andalusier jedoch lassen sich nur selten auf eine Diskussion pro und contra Stierkampf ein. Immerhin wird nahezu jede Corrida, die auch nur halbwegs von Bedeutung ist, vom spanischen Fernsehen übertragen und die Arenen, wie die Maestranza in Sevilla, sind meist ausverkauft.

Vor rund 1000 Jahren stand die Provinz Córdoba in voller Blüte. Die Araber hatten die gleichnamige Hauptstadt zur größten und mächtigsten Metropole Europas ausgebaut, aus der im Mittelalter zwei große Denker hervorgegangen sind: der Araber Averroes und der Jude Maimonides. Nachdem das Kalifat zerbrochen war, musste die Stadt ihre Stellung als andalusische Metropole an Sevilla abgeben. Heute bestimmt der Lauf des Guadalquivir das Landschaftsbild dieser Region, der sich seinen Weg entlang fruchtbaren Ländereien bahnt. Weizenfelder, Baumwollplantagen, Weinberge und Orangenhaine dominieren das Flusstal. Lange, schmale Schornsteine und Fensterstürze aus Granit kennzeichnen die Häuser der Dörfer in der Sierra Morena im Norden Córdobas in der Hochebene von Los Pedroches, die in der Vergangenheit ein Korridor zwischen der kastilischen Hochebene und dem Tal des Guadalquivir war.

Sevilla ist nicht nur Hauptstadt der gleichnamigen Provinz, sondern – sehr zum Ärger der Granadiner, Córdobeser und Málagueños – Sitz der Verwaltungsbehörde der Autonomen Region Andalusien. Die 750000 Einwohner zählende Stadt am Guadalquivir ist eines der vier urbanen Zentren Spaniens. Durch die Weltausstellung 1992 haben sowohl Stadt als auch die Provinz einen immensen Aufschwung erfahren. Der Nationalpark des Coto de Doñana an der Mündung des Guadalquivir ist eine weitere Attraktion geworden.

Huelva, die westlichste Provinz Andalusiens, hat sich vor einiger Zeit zum Sprungbrett in die Feriengebiete der Costa de la Luz entwickelt. Hier hat der Tourismus die Führungsrolle in der Wirtschaft der Region übernommen. Jahrzehntelang verdienten die Menschen ihr täglich Brot in den Minen von Rio Tinto, die heute nur noch eine Touristenattraktion sind. Die Ländereien bis Ayamonte an der Grenze zum westlichen Nachbarn Portugal hat man durch Bewässerungsanlagen fruchtbar gemacht – sehr zur Freude der Bewohner: Von den Erträgen lässt es sich gut leben.

CÓRDOBA, SEVILLA UND HUELVA

Oben:
Im Kloster Santa María La Rábida fand der Entdecker im Beichtvater von Königin Isabella einen Fürsprecher für seine Pläne. Kolumbus-Fans finden hier u.a. ein Modell der Santa María. Sicher war der berühmte Seefahrer während seines Aufenthaltes 1485 auch im Refektorium des Klosters.

Links:
Diese 36 Meter hohe Monumentalstatue aus Granit an der Landspitze Punta del Sebo stifteten die USA im Jahre 1929 zum Andenken an Christoph Kolumbus. Das Kolumbus-Fresko im Kloster La Rábida erinnert an den berühmten Seefahrer, der 1451 in Genua geboren wurde und am 21. Mai 1506 in Valladolid starb.

Unten:
Kolumbus glaubte, über den Atlantik den westlichen Seeweg nach Indien finden zu können. 1484 gewann er die Unterstützung Isabellas von Kastilien für diesen Plan. Auf seiner ersten Reise im Jahr 1492/93 entdeckte er mit den drei Schiffen Niña, Pinta und Santa Maria am 12. Oktober 1492 die Bahama-Insel Guanahani sowie Kuba und Haiti. Die Nachbauten dieser Schiffe liegen im Freilichtmuseum bei La Rábida in der Provinz Huelva.

Unten:
Palos de la Frontera: Auch hier Reminiszenzen an Christoph Kolumbus. In der Kirche San Jorge wurde der königliche Erlass verlesen, die Entdeckerschiffe auszurüsten.

Rechts:
In Huelva mußte Kolumbus als Namenspatron herhalten: Casa de Colón heißt der Kongresspalast (rechts), der sehr idyllisch von einem schattigen Park mit einem kühlen Brunnen umgeben ist (ganz rechts).

Ganz oben:
In Almonaster la Real in der Provinz Huelva, etwa 100 Kilometer nördlich der Stadt, finden sich noch Bauwerke aus der Maurenzeit, darunter auch diese Moschee.

Oben:
Die Höhle »Gruta de las Maravillas« in Aracena beeindruckt den Besucher mit dem »Gran Salón«, den man auf einer einstündigen Tour durch die Tropfsteinhöhle durchstreift.

Der Doñana-Nationalpark im Sumpf- und Schwemmland der Guadalquivir-Mündung ist seit mehr als 25 Jahren unter Aufsicht des Worldwide Fund for Nature. Die Naturlandschaft ist von Wanderdünen umgrenzt, die bei einem organisierten Jeep-Ausflug das Gefühl aufkommen lassen, man durchquere eine riesige Sandwüste. Nur das Damwild (unten) scheint hier deplatziert.

Mehr als 3000 Fiestas – Volksfeste, Wallfahrten, Karneval und Prozessionen – werden jedes Jahr von den fast 8000 andalusischen Städten und Gemeinden gefeiert. Das mit Abstand größte Pilgervolk versammelt sich um die Virgen del Rocío in der Nähe von Almonte in der Provinz Huelva.

Gegen Ende Mai strömen fast eine Million Menschen hierher, mit Ochsenkarren, zu Fuß, auf dem Pferd, mit Traktoren und Autos. Es wird aber nicht nur der Jungfrau von Rocío gehuldigt, es wird auch getanzt und musiziert. Die Wallfahrt führt über weite Strecken durch den Sandstaub der Raya Real, gegen den man sich nur mit Atemmasken schützen kann.

Rechts:
Die Puente de Triana führt über den Río Guadalquivir. Der Name des 657 Kilometer langen Stromes stammt noch aus der Zeit der Araber und heißt übersetzt »großer Fluss«.

Sevilla von seiner romantischen Seite: der Torre del Oro und das Teatro de la Maestranza am Ufer des Río Guadalquivir. Der Torre del Oro, eines der Wahrzeichen von Sevilla, war einst Teil der Stadtbefestigung – von hier aus wurde der Schiffsverkehr kontrolliert. Der Name des Turms rührt von den goldenen Fliesen her, mit denen das Dach gedeckt war.

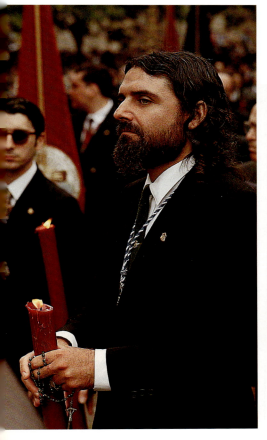

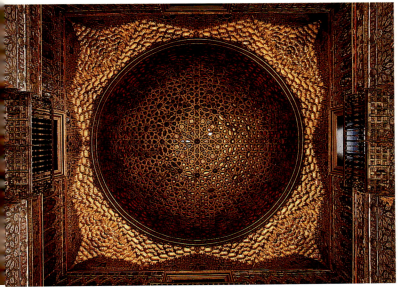
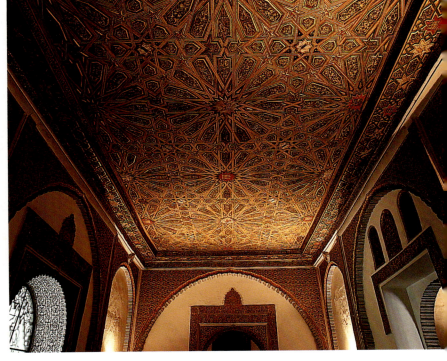

Sevilla ist eine durch und durch religiöse Stadt. Das zeigt sich nicht nur bei der Prozession zum Fronleichnamsfest (oben links). Die Capilla Mayor, die Kapelle des Hochaltars, ist Hauptattraktion mit ihrem 20 Meter hohen spätgotischen Schnitzaltar aus der Mitte des 16. Jahrhunderts (oben rechts). Nur wenige Schritte von der Kathedrale entfernt liegt der Alcázar, eine Art kleiner Zwillingsbruder der Alhambra von Granada. Schmuckstück ist zweifellos die Kuppel in der Sala de los Embajadores, dem Gesandtensaal (unten links). Der Speisesaal, Salón del Techo de Felipe II., ist mit einer ähnlich aufwendig verzierten Decke ausgestattet (unten rechts).

Links:
Die Giralda und die Kathedrale von Sevilla. Die Giralda, der Turm, ist neben dem Orangenhof das Einzige, was von der großen Moschee Sevillas übrig geblieben ist. 1401 musste die Moschee dem weltgrößten gotischen Kathedralenbau weichen. Das Minarett bekam einen Renaissance-Aufsatz mit einer vier Meter hohen Engelsfigur.

SEMANA SANTA

Der winterliche Geruch von brennendem Wachs und Weihrauch mischt sich mit dem frühlingshaften Duft der Orangenblüte. Das schlurfende Geräusch der Füße, die sich durch die Straßen schleppen, vermengt sich mit dem Perlengeklimper der Rosenkränze und den Ausrufen der Bewunderung und des Staunens der Zuschauer ob der prächtigen Figuren, die da durch die Straßen getragen werden. »¡Viva la Virgen!« – »Es lebe die Jungfrau Maria!« – preisen die Menschen die Muttergottes während der Karwoche, am Karfreitag und am Ostersonntag, den Höhepunkten des liturgischen Jahres.

Mit der Semana Santa, der heiligen Woche, feiern die Andalusier den Triumph des Lebens über den Tod. Ein Fest der Freude also, das dem extrovertierten Charakter der Südspanier ganz entspricht. Bei den Prozessionen verschmelzen Musik, Religion, Kunst und immer wieder auch archaische Bräuche wie Selbstfolterungen zu einer Art religiösem Gesamtkunstwerk. 57 Confradías, Bußbruderschaften, die ursprünglich den Zünften eng verwandt waren, sind heute noch die Triebfedern der prachtvollen Osterprozessionen in Sevilla. Diese Gemeinschaften vertreten unterschiedliche soziale Schichten und Berufsverbände. Und sie betrachten und behandeln sich, wie es in den Geboten heißt, als Brüder »mit eigenen Gesetzen und Statuten, zum Zweck religiöser Aktivitäten und zur größeren Ehre Gottes, der Jungfrau und der Heiligen zum geistigen Nutzen der Gläubigen«. Die Confradías sind seit dem 16. Jahrhundert belegt – und es hat sich an ihrer Form bis heute wenig geändert. Vorgänger dieser Prozessionen war die »Via Crucis«, die im Jahr 1521 vom ersten Marquis von Tarifa nach dessen Rückkehr von einer Pilgerreise nach Jerusalem eingeführt worden war. Kardinal Don Fernando Niño de Guevara legte im Jahr 1604 die Strecke fest, welche die Confradías auf ihrem Zug durch Sevilla passieren.

Das ganze Jahr über bereiten sich die Bruderschaften auf diese Prozessionen zwischen Palmsonntag und dem Tag der Auferstehung vor. Die »Pasos«, aus Gold und Silber kunstvoll gearbeitete Holzbaldachine, auf den die Christus- und Marienfiguren der verschiedenen Pfarreien durch die Straßen schwanken, werden für jede Semana Santa aufs Neue frisch herausgeputzt. Eine Bruderschaft besitzt üblicherweise zwei solcher Pasos: eine Darstellung mit dem leidenden Christus und eine mit Blu-

men, Perlen, Stickereien und Kerzen geschmückte Marienfigur, die in kostbare und reich bestickte Gewänder gekleidet ist. Die berühmtesten Darstellungen sind La Macarena, Cristo del Gran Poder, Cristo de la Buena Muerte und La Amargura. Neben ihrem religiösen Symbolismus sind die meist lebensgroßen Figuren von großem kunsthistorischen Wert, da sie häufig bereits im 16. und 17. Jahrhundert von bedeutenden Meistern geschaffen wurden. Dank der Osterprozessionen haben auch jahrhundertealte Berufe überleben können, deren Handwerker die Figuren und ihre kostbare Ausstattung nach wie vor in Handarbeit anfertigen.

Die Costaleros, die Mitglieder der Bußbruderschaften, haben ein gespenstisches Aussehen, wie sie in ihren langen Kutten und den Capirotes, den spitzen weißen Kapuzen mit Sehschlitzen, daher kommen. Diese

Links:
Mit der Semana Santa, die in der Karwoche stattfindet, feiern die Andalusier den Triumph des Lebens über den Tod. In Sevilla wird die »heilige Woche« mit aufwendigen Prozessionen zelebriert. Die Confradías, die Bußbruderschaften, allein in Sevilla gibt es 57 Zünfte, bestimmen zu dieser Zeit das Bild der Straße.

¡VIVA LA VIRGEN!

Mützen, mit denen Gesicht und Kopf bedeckt werden, sind ein symbolischer Ersatz für die Dornenkrone Christi. Die Costaleros tragen die bisweilen tonnenschweren Statuen so geschickt auf den Schultern, dass man glauben könnte, die Figuren liefen selbst. Mitunter sind bis zu 40 junge Männer damit beschäftigt, eine einzige dieser Figuren zu schleppen.

Ein wichtiges Element der Prozessionen ist die Musik. Jeder der Pasos wird auf seinem Weg von einer Musikkapelle begleitet, meistens mit Blas- und Schlaginstrumenten. Dazu erklingt gelegentlich der Gesang von Saetas, ein erschütternder, spontaner Schmerzensschrei oder Klagegesang, dem Flamenco verwandt und kaum in anderen spanischen Regionen zu hören. Die Prozessionen begleiten den gesamten Wochenablauf. Höhepunkt ist der Karfreitag morgen, wenn die populärsten und von den Sevillanern am meisten verehrten Figuren durch die Straßen getragen werden.

Verbote der Karwochenprozessionen unter dem aufgeklärten König Karl III. im Jahr 1777 und zur Zeit Francos konnten die Lebenskraft der Semana Santa übrigens nicht schmälern.

Oben:
Die Prozessionen werden von den Bruderschaften der vielen Pfarreien organisiert, die darum wetteifern, wer seinen Paso mit dem Bildnis der leidenden Maria am prächtigsten mit Silber, Blumen und Kerzen ausstattet.

Rechts:
Die viele hundert Kilogramm schweren Estraden mit Darstellungen aus der Passionsgeschichte werden in stundenlangen Prozessionen aus den Stadtteilen bis in die Kathedrale und zurück begleitet. Das düster anmutende Ritual zieht die Zuschauer in seinen Bann, macht Tage und Nächte der Karwoche zum dramatischen Ereignis.

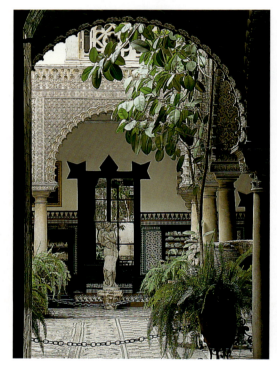

Rechts:
In Sevilla lässt es sich gut leben, besonders, wenn man im Hotel Alfonso XIII. absteigt, einer luxuriösen Adresse, die allerdings gehobene Ansprüche an den Geldbeutel der Gäste stellt.

Oben und ganz oben links:
Ein Streifzug zu den Kleinodien der Stadt: Der Innenhof des Palacio de Lebrija in der Calle Cuna. Das Denkmal des Don Juan in den Murillo-Gärten im Barrio de Santa Cruz.

...villa bietet viele ...schauliche Plätze: ...e Gittertür zu den ...ärten des Alcázar ...inks); ...e Casa de Pilatos ...Pilatushaus) an der ...alle de Águilas ...echts).

Rechts:
In der Keramik-manufaktur Santa Ana werden Gebrauchsgüter und Zierrat getöpfert und anschließend im Ofen gebrannt.

Links:
Eine kuriose Sammlung in der Schuster-Werkstatt sind die Radio-Schätze des Inhabers. In der Vergolder-Werkstatt wird ein Engel mit Blattgold belegt.

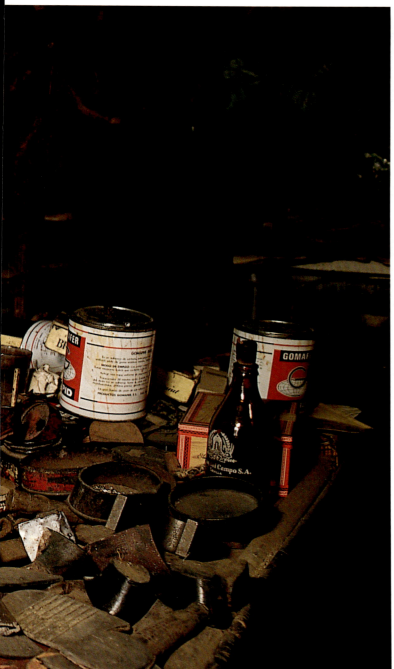

Oben:
In der Schnitzer-Werkstatt entsteht in meisterlicher Feinarbeit gerade ein Engelsflügel. Und der Silberschmied ist damit beschäftigt, eine der prächtigen Marienkronen herzustellen.

Links:
Handwerk und Kunsthandwerk werden in Andalusien großgeschrieben. Die Kultur der Tharsen, der Phönizier, der griechisch-römischen Antike und der islamischen Welt haben zu einer Mischung von Arbeitstechniken und Stilen geführt, die sich im Kunsthandwerk Andalusiens bis heute niederschlägt. Ein Streifzug durch die Handwerksbetriebe der Stadt: Der alte Schuster arbeitet noch wie früher.

115

Rechts und unten:
Gesehen und gesehen werden heißt die Devise. Da bietet es sich an, auf Kutschen oder hoch zu Ross durch die gepflasterten Straßen mit ihren lehmigen Bürgersteigen zu ziehen, die Tausende von Lampions überspannen, und sich stolz zu präsentieren. In den Casetas, den unterschiedlich großen, meistens privaten Festzelten, bleibt die bessere Gesellschaft in der Regel unter sich. Da wird gefeiert, getrunken und getanzt – bis zum Morgengrauen.

Zur Feria-Zeit gehen die Uhren in Sevilla anders: Die »Feria de Abril« war ursprünglich ein Viehmarkt, der von einem Basken und einem Katalanen ins Leben gerufen wurde. Heute ist die »Feria« immer noch ein Markt, ein großes Volksfest ohnegleichen, bei dem Jung und Alt fast rund um die Uhr auf den Beinen sind.

Seite 118/119:
Man schrieb das Jahr 785, als mit dem Bau der Säulenhalle der Moschee von Córdoba begonnen wurde. Die Stelle, an der die Araber ihre Moschee errichteten, war schon zur Römerzeit heiliger Boden. Der Janustempel musste später einer christlichen Kirche weichen, die dann von den Mauren abgerissen und durch die Moschee ersetzt worden ist. Nach drei Erweiterungen hatte die Mezquita 1009 ihre endgültige Größe. Durch Anzahl und Vielfalt der Säulen erscheint der Innenraum geradezu labyrinthisch, es ist ein »Wald von tausend Säulen«. 856 Säulen sind aus Granit. Marmor und Alabaster tragen auf ihren Kapitellen rechteckige Sockel, auf denen die Doppelbogen aus Sandstein und Ziegeln lagern.

Unten:
Im Judenviertel, der Judería, bietet sich die Calleja de las Flores (Blumengasse) als bekanntes Fotomotiv an. Bezaubernd: die Gärten im Alcázar der katholischen Könige.

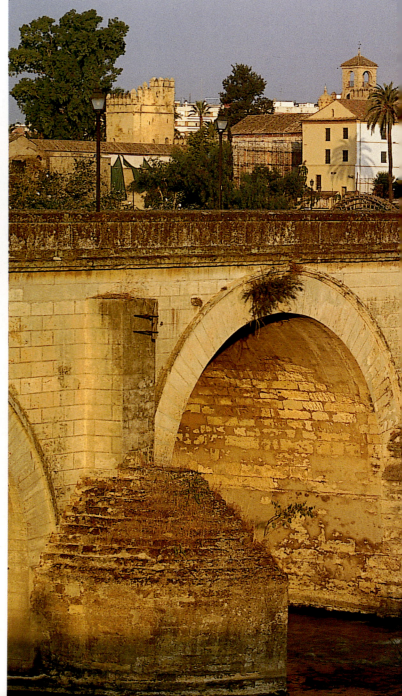

Links:
Wer nach der Wanderung durch die Säulenhallen der Großen Moschee müde geworden ist, kann Córdoba via Kutsche weiter erobern. Die Droschken warten vor der Puerta del Palacio. Das Monument El Triunfo mit der vergoldeten Figur des Erzengels Raphael, dem Schutzheiligen von Córdoba, steht in der Nähe der Puerta del Puente am Ufer des Guadalquivir.

Unten:
Córdoba war ein Schmelztiegel der Religionen, und es galt als Wiege der Wissenschaft. Vom alten Glanz zeugen heute nur noch die Bauwerke. Die Puente Romano, die römische Brücke, überspannt den Río Guadalquivir seit der Römerzeit.

REGISTER

A
Alcalá de los Gazules..................92
Aldeire..46
Algeciras.....................................83
Almería.......................................13
Almonaster la Real...................101
Almonte....................................104
Álora...78
Andújar................................24, 62
Aracena....................................101
Arcos..89

B
Baeza..58
Bernalúa de Guadix...................46

C
Cabo de Gata.......................12, 32
Cádiz................13, 15, 22, 66....84, 85
Carmona.....................................19
Casares.......................................81
Cazorla.......................................52
Competa.....................................74
Córdoba..............13, 18, 19,......57, 118
................................56, 96
Costa de la Luz.......96............22, 91
Costa del Sol...........13, 15, 23, 66
Cueva de Menga........................79

E
El Chorro....................................78
Estepona.....................................68

F
Festung Iruela............................54
Fuengirola..................................81
Fuentevaqueros..........................17

G
Gaitanes-Schlucht......................78
Gibraltar.....................................83
Granada..............13, 17, 40.....5, 26, 38,
................................40, 42
Guadix................16............44

H
Huelva..................13, 15, 57........100

J
Jaén.......................13, 18............57, 60
Jerez de la Frontera...............21
Jeréz del Marquesado................47

L
La Calahorra........................46, 47
La Isleta de Moro................12, 32

La Rábida...................................99
Lanjarón......................................16
Limones......................................53

M
Málaga..............13, 14, 16,.........82
................................23, 56, 66
Mancha Real..............................55
Marbella...............................23, 66........69
Mijas...81
Montefrío....................................10
Motril..16

N
Naturpark Doñana.......15............102
Nerja...66
Nijar..44

P
Palos de la Frontera..................100
Palos...57
Playa Burriana............................72
Puerto Banús..............................68
Puerto del Zegri..........................50
Punta del Sebo...........................99
Punta Paloma.............................91
Purullena....................................17

R
Ronda.................22............20, 70

S
Sallaka..56
Setenil..88
Sevilla..............13, 15, 20,........9, 15, 18,
................21, 56, 96........107, 109,
................................112
Sierra de Gata............................32
Sierra Morena............................13
Sierra Nevada......................16, 17............38
Sol y Nieve.................................18

T
Tabernas.....................................36
Tahavilla......................................5
Tarifa...................22............16, 84, 85
Toledo..56
Torremolinos........................23, 66

V
Valencia......................................56
Vélez Blanco........................28, 48

Z
Zahara de los Atunes............22, 91
Zaragoza....................................56

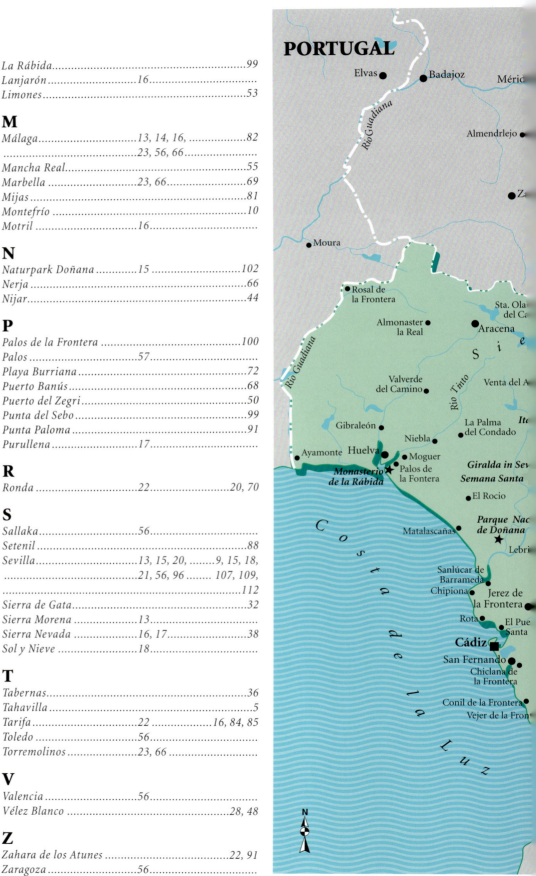

Die gewaltige Burg von Almodóvar del Río wird noch immer bewohnt. Die Mauren erbauten die Festung, Pedro der Grausame baute sie aus und zu Beginn des 20. Jahrhunderts erfolgte eine Renovierung von Grund auf.

Impressum

Bildnachweis
Alle Bilder von Jürgen Richter mit Ausnahme von:
S. 56 links, S. 57 rechts, S. 76 / 77 Mitte, S. 77 rechts unten, Archiv für Kunst und Geschichte, Berlin.

Buchgestaltung:
hoyerdesign grafik gmbh, Freiburg

Karte
Fischer Kartografie, Fürstenfeldbruck

Alle Rechte vorbehalten

Printed in Germany
Genehmigte Lizenzausgabe für
Verlagshaus Würzburg GmbH & Co. KG, Würzburg
© Stürtz Verlag GmbH, Würzburg
© Fotos: Jürgen Richter, München
Repro: Artilitho, Trento
Druck: Konkordia GmbH, Bühl
Verarbeitung: Josef Spinner
Großbuchbinderei GmbH, Ottersweier

ISBN 3-8003-0965-3

Stürtz